SUR GRIN VOS CONNAISSANCES
SE FONT PAYER

- Nous publions vos devoirs
  et votre thèse de bachelor et master

- Votre propre eBook et livre –
  dans tous les magasins principaux du monde

- Gagnez sur chaque vente

Téléchargez maintentant sur www.GRIN.com
et publiez gratuitement

Yannick Lowin

Comparaison des institutions politiques françaises et québécoises

GRIN Publishing

Bibliographic information published by the German National Library:

The German National Library lists this publication in the National Bibliography; detailed bibliographic data are available on the Internet at http://dnb.dnb.de .

Imprint:

Copyright © 2005 GRIN Verlag, Open Publishing GmbH
Print and binding: Books on Demand GmbH, Norderstedt Germany
ISBN: 978-3-656-01317-4

This book at GRIN:

http://www.grin.com/fr/e-book/178824/comparaison-des-institutions-politiques-francaises-et-quebecoises

GRIN - Your knowledge has value

Since its foundation in 1998, GRIN has specialized in publishing academic texts by students, college teachers and other academics as e-book and printed book. The website www.grin.com is an ideal platform for presenting term papers, final papers, scientific essays, dissertations and specialist books.

Visit us on the internet:

http://www.grin.com/

http://www.facebook.com/grincom

http://www.twitter.com/grin_com

Gymnasium Osterode

37520 Osterode am Harz

Facharbeit
im Leistungskurs Französisch

Comparaison des institutions politiques françaises et québécoises

Verfasser: Yannick Lowin

Abgabetermin: 22.11.2005

Table de matières

1.0 Introduction

Québec était dans le passé toujours sous la domination de la France et après la Grand- Bretagne mais les habitants des Québec a toujours essayé de garder leur culture et bien sur leurs longue donc leur identité. Maintenant, quand on veut comparer les institutions politiques, on doit se demander les questions suivantes. Dans quels secteurs de l'organisation de l'État est le Québec influencé par la France. À quoi ressemblent ces influences où n'est le Québec absolument rien influencé par la France.

Quand on compare des institution des ces deux pays, on remarque, sans connaître la configuration, un grand différence. Ce différence est que Québec n'est pas vraiment un pays. Il est depuis la fondation du Canada actuel en 1867 avec l'acte constitutionnel une province de lui. A cause de cela il a son propre gouvernement fédéral sous le gouvernement du Canada. Il a des pouvoirs administratifs et peut faire leurs propres lois dans les ressorts: éducation, culture, police, santé, social, justice, affaires municipales, droits civil, économie et comme on peut utiliser des ressources naturelles. Pour cette raison Québec a un complètement autre system judicaire que l'autre Canada. Mais il n'y a pas des pouvoirs dans des ressorts: politique étrangère, défense, commerce et transport[1].

La France en revanche est un état souverain dans l'union européenne.

2.0 Présentation des institutions politiques de la France

2.1 Le président de la république

Le chef de l'état est élu pour cinq ans par le peuple au suffrage universel direct[2]. Normalement il a le seul pouvoir sur la France[3]. Mais si le président est un membre d'un autre parti que le premier ministre, il doit se partager les pouvoirs concernant la politique intérieure avec le premier ministre. On appelle cela « cohabitation »[4]. Le président de la république est le

---

[1] http://www.auswaertiges-amt.de/www/de/laenderinfos/laender/laender_ausgabe_html?type_id=10&land_id=75
[2] http://www.diplomatie.gouv.fr/fr/france_829/decouvrir-france_4177/france-bref_2271/les-institutions-francaises_4416.html
[3] http://www.europa-digital.de/laender/fra/staat/
[4] Baedecker Allianz Reiseführer p.22

personnage plus important dans la république. A cause de cela on ne le peut pas destituer et il y beaucoup de tâches et pouvoirs. Il nomme le premier ministre et à la proposition de lui, les ministres qu´ il peut aussi relever de leur fonction. Mais il ne nomme pas que les ministres, il nomme aussi des hautes fonctionnaires civiles et militaires. En tant que le personnage plus important il représentant la France sur l'extérieur. En plus il est le chef du Conseil des ministres. Dans cette position, il doit être d´accord avec les lois et avoir examiné si les lois qui le conseil a fait sont conformes avec la constitution. En train de cela le conseil constitutionnel peut lui aider dont les membres sont aussi nommés par le président pour cinq ans. Mais il peut aussi laisser le peuple décider sur nouvelles lois. Après il les signe. En plus il est le chef des armées, reçoit des pouvoirs exceptionnels dans un cas d´urgence, peut dissoudre l'Assemblée nationale[5], fait des traites internationales, accueillit des ambassadeurs étrangers et choisit ceux de la France et il est le chef du conseil supérieur dont les neufs membres sont élus par lui.[6]

2.2 Le premier ministre

Après le président de la république c´est le premier ministre qui est le deuxième important personnage de la France. Il est le chef du gouvernement dont les ministres sont proposés par lui et nominés par le président. Chaque ministre a un ressort dont il est responsable. Dans le conseil des ministres ils se délibèrent sur la politique françaises.

Dans le cas de cohabitation le premier ministre dirige la politique quotidienne, essentiellement la politique intérieure alors que le président a une doit de regarde la politique extérieure et de défense. C´est- a- dire que le premier ministre est responsable pour assurer l´exécution des lois. Il a, comme le président, beaucoup des pouvoirs mais ceux se rapportent plus à la politique quotidienne. Il dirige l´ordre du jour dans le parlement et il peut faire les présentations de loi. Le premier ministre est responsable pour la défense bien que le président de la république soit le chef d´armées. En plus il choisit certains fonctionnaires civil, á savoir ceux qui le président n´a pas déjà nommé. Aussi il pourrait devenir le chef du conseil de ministre pour un certain temps défini si le président voulait cela. D´un côté il peut laisser le gouvernement quelques de son pouvoirs. De l´autre côté il peut proposer le parlement de projets de loi au nom du

---

[5] www.elysee.fr

[6] cf. „Les institutions de la France", B. de Gunten – A. Martin – M.Niogret, p.36

2

gouvernement où suggérer le président de la république de réformer la constitution. Celui- ci informe le premier ministre avant al prise des pleins pouvoirs. Cela montre comme étroit le travail entre le premier ministre et le président est et comme difficile cela peut être dans les temps de cohabitation.

Il est avec le gouvernement responsable devant le parlement. Cela veut dire que le gouvernement est contrôlé par l'assemblée national. Il y a la possibilité qu'il peut engager toute la responsabilité devant l'assemblée nationale[7].

2.3 Le gouvernement

Le premier ministre, les ministres et les secrétaires d' État forment ensemble le gouvernement. Le tout gouvernement pourrait être dissoudre par le président de la république si le premier ministre le lui demandé. Chaque ministre sera aussi relevé par lui de sa fonction ministérielle. Les ministres sont divisés en divers ministères, par exemple: économie, éducation et justice. Aussi le complet gouvernement est divisé en conseils et comité qui réunissent certains ministres, secrétaires et le premier ministre dans lesquels plusieurs affaires gouvernementales sont délibérées.

Le gouvernement se partage le pouvoir exécutif avec le président et faire la décide sur la politique quotidienne. Il et est surveillé par l'assemblé nationale[8].

2.4 Le parlement

Le parlement est divisé dans deux chambres. L'assemblée nationale et le sénat[9]. Les deux chambres se partagent la législative avec le gouvernement[10] qui est responsable devant le parlement. C'est- a- dire que le parlement peut dissoudre le gouvernement par un vote de défiance si le président ne l'a pas déjà fait.

2.4.1 L'assemblée nationale

---

[7] voyez 6, p.38
[8] voyez 6, p. 39/40
[9] vgl. Baedecker Allianz Reiseführer p.22
[10] http://www.europa-digital.de/laender/fra/staat/

3

Elle se compose de 577 députés qui sont élus pour cinq ans dans un suffrage universel direct comme le président de république. Il y a aussi la possibilité que les députés sont élus par un mode de scrutin uninominal majoritaire à deux tours. Dans ce cas chaque député représente une circonscription.

Au premier d´un législature un des députés est élu de devenir président et trois pour devenir vice présidents. Puis le président de l´assemblée nationale choisit trois membres du conseil constitutionnel et il est aussi porté par le président de la république à la connaissance avant celui prend de pouvoirs exceptionnels. Dans la voie hiérarchique, elle est sur le sénat parce qu´ elle a le dernière pouvoir de décision en cas de faire un lois. En plus elle décide devant le sénat si on devrait dissoudre le gouvernement[11].

En même que le gouvernement l´assemblée pourrait être dissoudre par le président de la république.

L´assemblée nationale se partage le pouvoir parlementaire avec le sénat. Elle donc examine les projets de loi reçue par le gouvernement où des propositions de lois reçu par le parlement en ce qui concerne le cadre de financière[12].

2.4.2 Le sénat

Il se compose actuellement de 331 députés[13] qui sont élus dans un suffrage universel indirect par des représentantes des régions depuis 2004 pour six ans (Ancien pour neuf ans mais on a modifié le mode pur avoir 346 sénateurs 2010. On a fait cela a cause de la démographie)[14]. Mais après trois ans, un demi des sénateurs seront remplacé. Ils ont aussi un préside qui devienne le troisième important personnage de la république. Il recevrait la place du président de la république si c´est position est vacante. En plus, il nomme, comme le président de l´assemblée national trois membres pour le conseil constitutionnel et il est demandé par le président de la république si il prend des pouvoirs exceptionnels.

---

[11] vgl. Baedecker Allianz Reiseführer p.22
[12] vgl.„Les institutions de la France", B. de Gunten – A. Martin – M.Niogret, p.42
[13] http://www.diplomatie.gouv.fr/fr/france_829/decouvrir-france_4177/france-bref_2271/les-institutions-francaises_4416.html
[14] http://de.wikipedia.org/wiki/Senat_%28Frankreich%29

Les pouvoirs des sénat sont presque comme l'assemblée nationale, le sénat peut aussi proposer un projet de lois ou faire des propose pour changer un projet de lois. Mais le sénat dois se mettre surtout d'accord avec l'assemblée nationale sur des nouveaux lois parce qu' il n'a pas le droit de décider.

De façon similaire est- il dans un cas de défiance contre le gouvernement. Le sénat peut seulement opposer son veto mais il ne peut pas remettre la dissolution ou dissoudre le gouvernement lui- même[15]. En plus le sénat n'est pas pu dissoudre par le président de la république[16].

3.0 Présentation des institutions politiques québécoises

3.1 Le Parlement

Le Parlement du Québec se compose du lieutenant gouverneur et de l'Assemblée nationale. Le parlement a la mission de faire la législation. Mais la fonction du lieutenant gouverneur est seulement une fonction honorifique. Il n'a pas de travail législative[17].

3.1.1 Le lieutenant gouverneur

Dans la province Québec le lieutenant gouverneur représente la reine britannique qui est le chef d' État symbolique[18]. C'est- á – dire que le lieutenant gouverneur, nommé par le gouverneur général du Canada pour cinq ans[19], est théoriquement le chef de la province Québec. Mais dans la réalité, il est règle autrement. Il est le chef de parlement et fait parti du gouvernement mais il n'a pas d'influence de lui. Cela veut dire qu'il ne participe pas á des projets de lois. Il les sanctionnes seulement. Convenant avec le gouvernement il pourrait rejeter

---

[15] vgl. Baedecker Allianz Reiseführer p.22
[16] vgl.„Les institutions de la France", B. de Gunten – A. Martin – M.Niogret, p. 44
[17]
http://www.gouv.qc.ca/wps/portal/!ut/p/.cmd/cs/.ce/7_0_A/.s/7_0_1DH/_th/J_3_CH/_s.7_0_A/7_0_1E0/_me/7_0_1
DD-7_0_A/_s.7_0_A/7_0_1DH?lang=fr
[18] voyez no. 17
[19] http://www.amerika-live.de/kanada/Quebec/Quebec.htm

5

un projet de lois. Mais c´est aussi seulement un droit théorique. Le lieutenant gouverneur n´agit jamais sans le savoir du conseil exécutif en cas de convoquer, proroger et dissoudre le parlement, ou ratifier les décrets.

3.1.2 L´assemblée nationale

L´assemblée national est formé par 125 députés qui sont élus par le peuple de Québec dans un mode de scrutin majorité uninominal à un tour pour cinq ans. Chaque député représente une circonscription électorale dans lequel il a gagné plus de voix[20].

Pour commencer une législature les députés choisissent un président et trois vice- président pour eux qui doit être neutre parce qu´il dirige les séances.

Dans la province Québec l´assemblée national est l´organe législative. Mais ce n´est pas vraiment vrai parce que c´est le gouvernement qui lui donne des proposes pour des nouveaux lois. Puis l´assemblée les traite, peut- être remanie et au fin il font des lois ou il rejet les projets. Pour faire le travail législatif plus facile et effectif on a divisé l´assemblée en dix commissions parlementaires. Chacune est responsable pour un spécifique ressort[21].

Le gouvernement est responsable devant l´assemblée. Cela veut dire que les députés contrôlent le gouvernement et aussi des institutions publiques et administratives[22].

3.2 Le gouvernement

Le premier ministre, qui a la majorité de députés dans l´assemblée nationale, dispose les ministres pour le conseil exécutif. Avec lui le conseil exécutif se compose des ministres titulaires de ministère, des ministres d´ État et des ministres délégués. Le conseil a des plus hauts pouvoirs exécutifs. Avec le lieutenant gouverneur, il forme le gouvernement.

Pour faciliter le travail et la coordination gouvernementale, des ministres forment des comités. Les deux plus importantes sont le conseil du trésor, qui examine si les projets de loi

---

[20] http://www.mri.gouv.qc.ca/munich/de/decouvrir_quebec/quebec_clin_oeil/institutions.asp

[21] http://enap.uquebec.ca/documents-pdf/observatoire/profil-institutionnel-quebec.pdf

[22] http://www.assnat.qc.ca/fra/Assemblee/Index.html

correspondent au cadre du financière, et le comité de législation, qui s'occupe de projet de loi qui le gouvernement veut présenter à la assemblée nationale. Il examine si le projet correspond à la direction gouvernementale. Après, le conseil exécutif fait la dernière décision sur le projet de loi. À ces deux comités il joint trois comités ministériels permanents qui sont responsable pour la coordination gouvernementale. Ce sont le comité du développement social, de la prospérité économique et du développement durable, et de citoyenneté et de la culture. Celles-ci suivit autres comités ministériels permanents.

La centrale jonction administrative entre les comités c'est le ministère du conseil exécutif, le ministère du premier ministre, qui se sépare de divers secrétariats. Par exemple le secrétariat général, qui est le plus important, dirigé par le secrétaire général du conseil exécutif qui est dans cette position premier fonctionnaire de l'État. Le conseil de ministère est dirigé par le premier ministre. Le conseil a principalement des fonctions de soutiens le premier ministre, le conseil de ministres et des comités ministère dans leur mission gouvernementale[23].

En plus il fait parti à l'organisation de l'administration québécoise.

Il est placé sous la responsabilité du secrétariat général.

Le complètement gouvernement est surveillés par le parlement dont les députés doit être d'accord avec les lois font par le conseil exécutif. Si non, ils doivent offrir leur démission. On appelle cela « le principe de la solidarité ministérielle »[24].

3.2.1 Le premier ministre

Le premier ministre, désigné par le lieutenant gouverneur, a le pouvoir politique en Québec parce que la majorité de députés dans l'assemblée nationale sont membres de son parti. A cause de cela il devienne le chef du gouvernement dont les membres sont élus par lui et deviennent ministre pour certains ressorts et forment le conseil exécutif.

En plus le premier ministre a beaucoup d'autre pouvoirs. Il fait l'ordre du jour et l'organisation du conseil exécutif, il fait le nécessaire pour de nouveaux élections, convoque l'assemblée

---

[23] http://www.premier.gouv.qc.ca/secteur/gouvernement/fonctionnement_du_gouv.htm

[24] http://www.gouv.qc.ca/wps/portal/!ut/p/.cmd/cs/.ce/7_0_A/.s/7_0_1DH/_th/J_3_CH/_s.7_0_A/7_0_1E0/_me/7_0_1DD-7_0_A/_s.7_0_A/7_0_1DH?lang=fr

national et pourrait le dissoudre. En outre il peut l'assemblé proposer qui devrait recevoir un haute fonction administrative.[25]

3.2.2 Le conseil exécutif

Le conseil exécutif, aussi appelé conseil de ministres se compose de 29 personnes et est rassemblé par le premier ministre qui décide l'ordre du jour et qui le préside. Il est assisté par le secrétaire général qui s'occupe d'organisation.

Le conseil coordonne se même, comme mentionné en formant plusieurs des comités. Dans ces comités, les ministres discutent des affaires gouvernementales. Cela veut dire qu'il élaborent la situation actuelle d'un loi, la nécessité d'une changement et quelles effets un nouveau projet de loi aurait dû obtenir. Après ces dossiers est donné au conseil exécutif qui a la dernière décision.

A cause de cela on peut dire que le conseil a des pouvoirs exécutifs et que sa tâche principale est de réaliser des projets de lois qui a été proposé à l'assemblée national et qui celui-ci a étudié. En outre il est responsable pour respecter le cadre financier, fixer des orientations politiques et nommer les hauts fonctionnaires et les dirigeants des organismes gouvernementaux et des sociétés publiques[26].

Normalement les séances a lieu en mercredi mais il y a aussi des séances spéciales. En vendredi les nouvelles lois et fonctionnaires sont rendus publiques.[27]

---

[25] http://enap.uquebec.ca/documents-pdf/observatoire/profil-institutionnel-quebec.pdf
[26] http://enap.uquebec.ca/documents-pdf/observatoire/profil-institutionnel-quebec.pdf
[27] http://www.premier.gouv.qc.ca/secteur/gouvernement/conseil_des_ministres.htm

4.0 Comparaison des institutions politiques québécoises et françaises

4.1 Le président de la république / Le lieutenant gouverneur

	Les points communs	Les différences	
		Le président de la république	**Le lieutenant gouverneur**
Position	- Les deux personnages sont les plus hautes représentantes de leurs pays.	- est vraiment le personnage plus important dans l'état françaises avec tous les pouvoirs importants. -Chef du conseil des ministres.	- C'est seulement une position symbolique et représentatif. - Chef du parlement.
Mode d'élection	- Ils sont élus pour cinq ans.	- est élu par le peuple dans un suffrage universel direct.	- est élu par le gouverneur général du Canada.
Pouvoirs	- Les deux doivent sanctionner les lois.	Ici est le plus grande différence entre les deux. Le président a vraiment les pouvoirs importants sur la France.	- a seulement des pouvoirs théoriques. Cela veut dire qu' il ne les utilise pas.

La grande différence entre les deux est que le président de la république est vraiment le chef de l' État et le lieutenant gouverneur exerce seulement une position symbolique bien que les deux sont les plus hautes représentante officiels de leurs pays. Pour le reste, il ne les relie à rien important, seule l'élection pour cinq ans.

4.2 Le premier ministre de la France / Le premier ministre du Québec

	Les points communs	Les différences	
		Le premier ministre de la France	**Le premier ministre du Québec**
Position	---	- Deuxième personnage plus important. - pourrait être seulement	- Officiellement deuxième personnage plus important. Mais

9

	Les points communs	Les différences	
		chef du conseil de ministre pour un certain temps si le président voulait cela.	celui qui est responsable pour la politique québécois. - chef du conseil de ministre.
Mode d'élection	- Désigné par le personnage plus importante de leur pays.	-Désigné par le président de la république. Besoin pas une majorité de députés dans l'assemblée nationale.	- Désigne par le lieutenant gouverneur. Besoin de la majorité de députés dans l'assemblée nationale.
Pouvoirs	- Nomment des ministres pour le gouvernement. - Sont responsable pour la politique quotidienne. - L'exécution de loi. - peuvent faire des propositions de loi. - nomme des hautes fonctionnaires. -Sont responsable devant le parlement.	- Les ministres doivent ont été renforcé par le président de la république. - Fait l'ordre du jour du parlement. - peut, après d'accord du président de la république, reformer la constitution.	- Les ministres ne besoin pas de confirmation. - Fait l'ordre du jour du gouvernement. - ne peut pas reformer la constitution parce que Québec est seulement un province et on besoin d'accord de chaque province. - peut dissoudre l'assemblée nationale.

Les deux premiers ministres ont déjà plus de points communs que les chefs d'États. On remarque cela seule à cause de leur titre. Ils sont responsables pour la politique quotidienne en ce qui concerne la politique intérieure de leurs pays. Mais ils sont restreints par le président de la république et le premier ministre du Canada. Malgré cela je veux dire que le premier ministre du Québec a plus de pouvoir que le premier ministre de la France dans son province que le premier ministre français dans la France parce qu'il a une plus grande liberté d'action en politique intérieure mais celui qui besoin d' un majorité de députés dans l'assemblée nationale.

4.3 Le gouvernement français / Le gouvernement québécois

	Les points communs	Les différences	
		Le gouvernement françaises	**Le gouvernement québécois**
Composition	- Le premier ministre, des ministres et des secrétaires.	---	- Le lieutenant gouverneur est aussi un membre du gouvernement.
Organisation	- Séparation en comités et conseils.	- Il est surtout divisé en plusieurs ministères qui font le travail gouvernemental.	- Le conseil exécutif est responsable pour le travail gouvernemental.
Mode d'élection	- Les députés sont membres de l'assemblée nationale et nommé par les premier ministres.	Le premier ministre fait la proposition qui doit devenir ministre et le président de la république les nomme finalement.	Les ministres sont seulement désigné par le premier ministre.
Pouvoir	- Domaine de loi. C'est- à- dire que les gouvernements sont les pouvoirs exécutifs.	---	---
Contrôle	- Sont surveillé par les assemblées nationales.	- serait pu dissoudre par l'assemblée nationale ou le président de la république.	- est surveillé par l'assemblée nationale mais il ne serait pas dissoudre par lui.

Les deux gouvernements se ressemblent très parce qu'ils ont une fort position dans leurs pays. Ils proposent les lois et ont la dernière décision sur des lois.

Leurs membres sont principalement élus par les premiers ministres qui sont les chefs. En outre, les deux sont surveillés par les assemblées nationales. La grande différence est l'organisation.

Les deux gouvernements sont certes répartis en conseils et comités mais lors du traitement des projets de loi, plus d'importance échoit en Québec en le conseil exécutif qu'en France en conseil du ministres.

4.4 <u>Le parlement françaises / Le parlement québécois</u>

	Les points communs	Les différences	
		Le parlement françaises	**Le parlement québécois**
Composition	---	- se compose de l'assemblée nationale et le moins important sénat.	- se compose de l'assemblée nationale et le lieutenant gouverneur.
Nombres de députés	---	577 députés et les actuellement 331 membres du sénat.	125 députés.
Mode d'élection	- sont élus pour cinq ans.	- Normalement dans un suffrage universel direct. (ou dans un mode de scrutin uninominal majorité à deux tours).	- dans un mode de scrutin uninominal majorité à un tour.
Président	- Au premier d'un législature, les députés votent un d'eux comme président pour la durée d'un	---	---

	législature.		
Pouvoirs	- sont les organes législative. - s'occupent de projet de loi qu'ils reçoivent de leurs gouvernements. - contrôlent le gouvernement.	- peut dissoudre le gouvernement.	- ne peut pas dissoudre le gouvernement mais l'assemblée contrôle le gouvernement et autres institutions politiques et administratifs. Les députés doivent être aussi d'accord avec les lois.

On remarque du premier coup d'œil une grande différence entre les parlements: La composition. Dans le cas du parlement français on a l'assemblée national et le sénat subalterne. Dans le cas du parlement québécois, le lieutenant gouverneur a la position moins important. En plus le parlement français est plus grand parce que la France a plus d'habitant. Mais quand on regarde seulement les assemblées nationales, on voit qu'ils se ressemblent. Les deux ont des pouvoirs législatifs mais ils sont dominés par un fort exécutif en faisant le lois. Quand même les parlements surveillent les gouvernements. Mais seulement l'assemblée nationale françaises est capable de dissoudre leur gouvernement.

5.0 Les toiles de fond historiques

Quand on cherche des raisons pour les points communes entre les systèmes de gouvernement ou bien les institutions français et québécois on doit considérer la histoire politique de cette province.

Après la découverte par la France, la région québécoise a été conquise par la Grand- Bretagne en 1760 et a été une colonie britannique en 1763. Jusqu'à 1791 il a été administré par les Anglais. Les gens françaises ont toujours lutté pour leur identité. A cause de cela les Anglaises les ont permis de parler leur longue, de exercer leur croyance et surtout d'utiliser leur droit de propriété et droit civil selon les droit français en 1774 avec le « Québec Act ».

Après le Canada a été divisé de deux grandes provinces en 1791, chaque province a reçu un parlement dont le chef était un gouverneur qui a été décidé par le gouvernement anglais[28]. A cause de cela le Québec a jusqu'à aujourd'hui un lieutenant gouverneur ce que très douteux Mais ces parlement n'ont pas eu beaucoup d'influence parce que une conseil législative a eu le vraiment pouvoir. Pour cette raison les représentantes de Haute et Bas- Canada ont commencé de revendiquer pour un « gouvernement administrant de manière autonome » en 1830. À Bas-Canada les gens francophone ont voulu même un gouvernement légitimé par le peuple et étayé constitutionnel qui est responsable devant un parlement après la modèle français. Mais le gouvernement anglais n'a pas voulu cela et a réunit les deux province pour assimiler les Francophones. Mais l'assimilation n'avait pas sucés la situation s' est amélioré pour les franco-canadiennes et il a reçu certain droits[29].

Puis, quelques ans plus tard, les provinces voulaient faire une union canadienne. Dans un système fédéral, les francophones ont vu une chance de revenir leur autonomie. A cause de cela ils ont commencé de négocier avec les autres provinces.

En 1876 on a fondé Canada. Les difficultés étaient de trouver une forme du gouvernement. Les Anglais ne connaissaient pas le gouvernement qui est responsable devant un parlement parce que ils avaient longtemps une monarchie. Pour cette raison la fédération n'était pas une vraiment fédération parce que les province n'avait pas d'autonomie. Ils pouvaient faire des droits mais le gouvernement fédéral les serait pu rejeter ce qu'il a fait beaucoup[30].

Dans les années suivantes, il y était de changement de la constitution canadienne parce que les provinces ont voulu plus de compétences mais la structure fondamentale du gouvernement restait la même, jusqu'au parlement ce qui se seulement compose de l'assemblée nationale et pas rien du l'assemblée nationale est sénat.

---

[28] Der kanadische Föderalismus und das Autonomie- Problem der Provinz Québec: eine historische Perspektive p. 13
[29] Der kanadische Föderalismus und das Autonomie- Problem der Provinz Québec: eine historische Perspektive p.14
[30] voyez 29 p.15 ff

6.0 Conclusion

Les Franco-canadiens se distinguent par leur combat pour leur identité français. Non seulement pour leur longue ou culture, mais aussi pour des droits français qui ils ont établit après le « Québec Act ». Alors qu'on a cherché un mode du gouvernement dans le système fédéral on a repris celle qui étais habituel en Europe avec la spécialité de la France. Un gouvernement qui est responsable devant un parlement au pouvoir exécutif et qui est fort.

Les structures de base des gouvernements se ressemblent beaucoup. Les deux formes du gouvernement ont un premier ministre qui est responsable pour la politique quotidienne, un gouvernement qui est le domaine de loi et un parlement avec le pouvoir législatif. Les différences sont dues aux différent statuts de les deux pays et surtout que la France est un pays et le Québec seulement une province. A cause de cela le Québec n'a pas de même compétences comme un État souverain.

Mais malgré cela il y beaucoup des points commune qui concerne les institutions même. Les institutions sont composé de manière semblable, ont des pouvoirs semblables et les modes d'élections du députés ou autres personnage important se ressemblent.

Pour cette raison on peut dire en conclusion qu'il y a beaucoup de points communs entre les institutions politiques françaises et québécoises ce que résulte de la mentalité françaises qui s'est ancré dans les gens québécoises.

Maintenant il y serait intéressant de voir dans quelle mesure c'est a des répercussions sur le niveau politique municipal.

7.0 Bibliographie

Littérature

Baedecker Allianz Reiseführer 10.Auflage 2002, Dr. Bernhard Abend, Anja Schliebnitz, S. 21-23

„Les institutions de la France", B. de Gunten – A. Martin – M. Niogret, Mars 1997 S.36-45

« Études et Documents », « Der kanadische Föderalismus und das Autonomie- Problem der Provinz Québec: eine historische Perspektive », Marc Chevrier, 1996

Internet

http://www.auswaertiges-amt.de/www/de/laenderinfos/laender/laender_ausgabe_html?type_id=10&land_id=75 25.10.2005

http://www.diplomatie.gouv.fr/fr/france_829/decouvrir-france_4177/france-bref_2271/les-institutions-francaises_4416.html 16.10.2005

http://www.europa-digital.de/laender/fra/staat/ 12.10.2005

http://www.elysee.fr/elysee/francais/le_president/son_role/dans_la_constitution/dans_la_constitution.20003.html 15.10.2005

http://de.wikipedia.org/wiki/Senat_%28Frankreich%29 05.11.2005

http://www.gouv.qc.ca/wps/portal/!ut/p/.cmd/cs/.ce/7_0_A/.s/7_0_1DH/_th/J_3_CH/_s.7_0_A/7_0_1E0/_me/7_0_1DD-7_0_A/_s.7_0_A/7_0_1DH?lang=fr 12.10.2005

http://www.amerika-live.de/kanada/Quebec/Quebec.htm 25.10.2005

http://www.mri.gouv.qc.ca/munich/de/decouvrir_quebec/quebec_clin_oeil/institutions.asp 21.10.2005

http://enap.uquebec.ca/documents-pdf/observatoire/profil-institutionnel-quebec.pdf 19.10.2005

http://www.assnat.qc.ca/fra/Assemblee/Index.html 21.10.2005

http://www.premier.gouv.qc.ca/secteur/gouvernement/fonctionnement_du_gouv.htm 22.10.2005

http://www.premier.gouv.qc.ca/secteur/gouvernement/conseil_des_ministres.htm 24.10.2005